AF542209

SOCIÉTÉ IMPÉRIALE DES SCIENCES, DE L'AGRICULTURE
ET DES ARTS DE LILLE.

DÉCLARATION D'UTILITÉ PUBLIQUE

STATUTS

ET

RÈGLEMENT

LILLE,

IMPRIMERIE DE L. DANEL.

1863.

SOCIÉTÉ IMPÉRIALE DES SCIENCES, DE L'AGRICULTURE ET DES ARTS DE LILLE.

DÉCRET,

STATUTS ET RÈGLEMENT.

1863

EMPIRE FRANÇAIS.

NAPOLÉON, par la grâce de Dieu et la volonté nationale,

EMPEREUR DES FRANÇAIS,

A tous présents et à venir, salut :

Vu la demande formée par la Société Impériale des Sciences, de l'Agriculture et des Arts de Lille,

Sur le rapport de notre Ministre Secrétaire-d'État au département de l'Instruction publique et des Cultes ;

Notre Conseil d'Etat entendu ;

Avons décrété et décrétons ce qui suit :

ARTICLE 1.

La Société Impériale des Sciences, de l'Agriculture et des Arts de Lille est reconnue comme établissement d'utilité publique.

ARTICLE 2.

Les statuts de la Société sont approuvés tels qu'ils sont annexés au présent décret.

Aucune modification ne pourra y être introduite sans notre autorisation.

ARTICLE 3.

Notre Ministre Secrétaire-d'État au département de l'Instruction publique et des Cultes, est chargé de l'exécution du présent décret.

Fait au Palais des Tuileries, le 13 décembre 1862,

Signé, NAPOLÉON

Par l'Empereur :

Le Ministre Secrétaire-d'État au département de l'Instruction publique et des Cultes,

Signé : ROULAND.

Pour ampliation :

Le Conseiller-d'État, Secrétaire-Général du Ministère de l'Instruction publique,

Signé : G. ROULAND.

Pour copie conforme :

Pour le Secrétaire-Général
Le Conseiller de Préfecture,

Signé : DES ROTOURS.

SOCIÉTÉ IMPÉRIALE DES SCIENCES, DE L'AGRICULTURE ET DES ARTS DE LILLE

STATUTS.

But de la Société.

I. — La Société Impériale des Sciences, de l'Agriculture et des Arts de Lille est instituée pour l'étude et la propagation des Sciences, des Lettres, des Beaux-Arts, de l'Agriculture et de l'Industrie. Elle est placée sous l'autorité du Ministre de l'Instruction publique et des Cultes.

Elle seconde le mouvement intellectuel par la publication de ses travaux, par l'impression des ouvrages ou mémoires qu'elle a honorés de son suffrage, par celle des documents inédits relatifs à l'ancienne Flandre et par des concours annuels.

Elle récompense les services rendus aux Sciences, aux Lettres, aux Beaux-Arts, à l'Industrie, soit par des médailles d'honneur, soit par des prix en argent.

Elle signale et récompense les actions de haute moralité accomplies dans la circonscription qu'elle embrasse.

Sa composition.

II. — Elle se compose de membres :

Titulaires,
Honoraires,
Associés,
Correspondants.

Nombre de ses membres

III. — Le nombre des membres *titulaires* est fixé à cinquante. Celui des *honoraires* et des *correspondants* est illimité.

Les *associés* sont au nombre de trente.

SOCIÉTÉ IMPÉRIALE DES SCIENCES, DE L'AGRICULTURE
ET DES ARTS DE LILLE.

RÈGLEMENT.

IV. — Sont de droit membres de la Société :

Le Recteur de l'Académie de Douai et l'Inspecteur d'Académie en résidence à Lille. Ce dernier est, en outre, membre de droit de la commission de publication.

Candidature des titulaires.

V. — Pour devenir *membres titulaires*, les candidats doivent adresser au bureau une demande appuyée par trois membres *titulaires* ou *honoraires*.

Cette demande doit être accompagnée d'un ouvrage ou mémoire imprimé ou manuscrit, à moins que les candidats n'appartiennent à l'Institut.

VI. — Les candidatures ne sont produites devant la Société qu'après la prise en considération par le Bureau. Les ouvrages présentés à l'appui sont renvoyés par le Président à une commission composée de trois membres, dont ne peuvent faire partie les membres présentateurs.

Il y a autant de commissions distinctes que de candidats, à moins que ceux-ci n'appartiennent à la même spécialité.

Réception des membres titulaires.

VII. — Les rapports sur les candidats sont lus à la Société dans la deuxième séance qui suit la nomination des commissaires.

A la séance suivante, le Bureau présente la liste des candidats aux places vacantes, et immédiatement après il est procédé au scrutin secret.

Les candidats sont élus à la majorité des membres présents, mais ils doivent toutefois réunir en leur faveur le tiers des voix des membres titulaires inscrits.

En cas de ballotage entre plusieurs candidats, après trois épreuves infructueuses, l'élection est ajournée à la séance suivante.

Nomination des membres honoraires.

VIII. — Les membres *titulaires*, dont la nomination remonte à plus de trente ans, deviennent, de droit, sur leur demande, *membres honoraires*. La même faveur peut être accordée, à la

Réception des membres titulaires.

1. — Les membres *titulaires* récemment élus doivent, à moins d'empêchements appréciés par le Bureau, se faire installer et signer les statuts dans le mois qui suit leur nomination. Après ce délai, leur élection peut être annulée.

2. — Dans le cas où un ancien *titulaire* devenu *correspondant*, se présente de nouveau pour remplir une place vacante, il n'est soumis qu'au scrutin secret. L'élection a lieu dans la séance qui suit la présentation par le Bureau.

Membres honoraires.

3. — Les membres *honoraires* jouissent de tous les droits des membres titulaires sans être astreints à aucune cotisation. Ils prennent rang immédiatement après les membres du Bureau.

demande du Bureau, à ceux des *titulaires* que des infirmités graves mettent dans l'impossibilité d'assister assidûment aux séances.

Des membres associés.

IX. — Le titre d'*associé* est accordé, sur la proposition du Bureau, aux savants, aux littérateurs, aux artistes éminents, nationaux ou étrangers.

Des membres correspondants

X. — Pour être membre *correspondant* il faut résider hors de l'arrondissement de Lille. L'admission des membres correspondants est soumise aux mêmes formalités que celles des membres *titulaires*.

Cotisations.

XI. — Les membres titulaires paient une cotisation pour subvenir aux dépenses de la société.

XII. — Les correspondants élus doivent un droit de diplôme. L'inscription au tableau n'a lieu qu'après ce versement. Ils reçoivent gratuitement les œuvres de la Société.

4. — Sont membres honoraires les hauts dignitaires résidants à Lille :

Le Maréchal commandant le 2.e Corps d'armée,
Le Général commandant la Division militaire,
Le Préfet du département,
Le Maire de Lille.

Associés. 5. — Les *associés* sont assimilés, pour les prérogatives, aux membres *honoraires*.

Correspondants. 6. — Tout *titulaire* devient sur sa demande *correspondant* lorsqu'il quitte l'arrondissement de Lille.

7. — Les *correspondants* ont droit d'assister aux séances avec voix consultative. Ce droit cesse après une année de résidence dans l'arrondissement de Lille.

Lorsqu'un correspondant ne s'est rappelé au souvenir de la Société ni directement, ni indirectement, pendant l'espace de trois ans, on délibère si son nom sera maintenu au tableau. Cette disposition n'est point applicable aux membres de l'Institut.

Cotisations. 8. — La cotisation est de **12** fr. par trimestre. Tout membre nouvellement élu est tenu de l'acquitter entièrement, quelle que soit l'époque du trimestre à laquelle il entre dans la Société.

Le droit de diplôme pour les *correspondants* est de 30 fr.

L'article XII des statuts n'est pas applicable au membre titulaire qui passe dans la classe des correspondants.

9. — Chaque *titulaire* a droit à deux jetons de présence, valant 50 centimes chacun, s'il a assisté à la séance entière; il ne reçoit qu'un jeton quand il n'a siégé qu'après la lecture du procès-verbal ou qu'il s'est retiré avant la levée de la séance.

Bureau

XIII. — Le Bureau de la Société se compose :

d'un Président,
d'un Vice-Président,
d'un Secrétaire-Général,
d'un Secrétaire de correspondance,
d'un Trésorier,
d'un Bibliothécaire-archiviste.

XIV. — Les membres du Bureau, renouvelés tous les ans par voie de scrutin secret, sont installés dans la première séance de janvier.

Le Président sortant ne peut être réélu qu'après une année d'intervalle. Les autres officiers du Bureau sont rééligibles indéfiniment.

Les droits de présence ne peuvent absorber plus de douze jetons par trimestre.

Les présences sont constatées par la signature qu'appose chaque titulaire sur un registre spécial tenu par le Trésorier.

10.— Tout membre qui, après avis du Trésorier, laisse passer trois mois sans acquitter la cotisation du trimestre échu, est considéré comme démissionnaire, à moins qu'il ne produise des motifs qui seront appréciés par le Bureau et ensuite soumis à la Société.

Election du bureau.

11. — Le Bureau est renouvelé dans la première séance de décembre.

Ses fonctions.

12. — Le Président est l'organe officiel de la Société.

Il ouvre et clot les séances, détermine les jours de séances extraordinaires, établit et maintient l'ordre du jour, dirige les discussions, recueille les votes et proclame le résultat des suffrages. Sa voix est prépondérante en cas de partage.

Il nomme les députations en cas d'urgence et propose les commissions; il signe, avec le Secrétaire général, les procès-verbaux, les délibérations, les diplômes et autres actes. Lui seul correspond avec les autorités. — Il est de droit président de toutes les commissions.

13. — Le Vice-Président remplace le Président en cas d'absence. Il est spécialement chargé du maintien des statuts et

règlements. Il inspecte, en outre, les archives, la bibliothèque, les musées, les collections et le mobilier.

14. — Le Secrétaire-général convoque les assemblées et les commissions, rédige les procès-verbaux et les fait transcrire sur un registre spécial après que la rédaction en a été adoptée. Il rédige le compte-rendu des travaux de la Société. Il fait partie de droit de toutes les commissions avec voix consultative.

15. — Le Secrétaire de correspondance rédige toutes les lettres et entretient la correspondance de la Compagnie avec les Sociétés littéraires et les savants; il est tenu d'accuser réception de l'envoi de leurs communications. Il transcrit ou fait transcrire sur un registre particulier toutes les lettres expédiées et dépose aux archives les originaux de celles auxquelles il a répondu, avec un numéro de renvoi au registre.

16. — Le Trésorier est chargé des recettes et des dépenses. Il fait les paiements sur l'ordonnance du Président. Il donne tous les ans, dans la deuxième séance de janvier, l'état des fonds mis à sa disposition et des paiements par lui effectués dans le cours de l'année précédente. Il présente, en même temps, le projet de budget pour l'année courante.

Les comptes et les propositions du Trésorier sont examinés par le Bureau, avant la présentation à la Société. Celle-ci nomme une Commission de vérification, composée de trois membres; le rapport de cette Commission est présenté à la séance suivante.

17. — Le Bibliothécaire-Archiviste a la garde des livres, cartes, dessins, manuscrits et autres objets appartenant à la Société. Il y appose le sceau, dont il est dépositaire ; il en dresse le catalogue, et peut seul délivrer aux membres les ouvrages dont la demande doit lui être faite par écrit.

Les ouvrages ne peuvent être conservés au delà d'un mois.

Chaque année, dans la première séance, il fait connaître les mutations survenues dans le personnel de la Société.

Séances de la Société.

XV. — La Société se réunit de droit, en séance ordinaire, deux fois par mois ; elle peut avoir des séances extraordinaires.

XVI. — Aucune délibération ne peut être prise, qu'autant qu'un tiers au moins des membres titulaires inscrits assiste à la séance.

Les délibérations relatives à des acquisitions, aliénations ou échanges d'immeubles et à l'acceptation de dons et legs, sont soumises à l'approbation du Gouvernement.

XVII. — Toute discussion politique ou religieuse est interdite.

Dispositions générales.

XVIII. — Les ressources de la Société se composent :

1° Du revenu des biens et valeurs de toute nature appartenant à la Société ;

2° Du produit des cotisations annuelles de ses membres et des droits de diplôme ;

3° Du produit des publications ;

Séances. **18.** — Les séances ont lieu le premier et le troisième vendredi de chaque mois, à six heures et demie du soir.

Si, pour une cause quelconque une séance ordinaire ne peut avoir lieu à la date réglementaire, elle peut être remise à une autre semaine. La Société se réserve le droit de changer, si elle le juge convenable, les jours et heures ci-dessus indiqués.

Tenue des séances. **19.** — Les votes dans les délibérations sont recueillis par main levée. Ils sont recueillis au scrutin secret lorsque ce mode est réclamé par un membre, et le scrutin secret est obligatoire dans toute élection.

Les délibérations sont prises à la majorité des membres présents.

20. — Aucun membre ne peut prendre la parole dans les séances, sans en avoir reçu l'autorisation du Président.

Le Président seul peut interrompre un orateur et le rappeler à la question, s'il s'en écarte ; il peut même lui retirer la parole si les convenances l'exigent.

21. — Une personne étrangère à la Société peut être admise à donner lecture d'un travail scientifique ou littéraire, après, toutefois, qu'elle en a obtenu l'autorisation du Bureau.

22. — Tout mémoire, rapport ou autre communication écrite, appartient à la Société et doit être immédiatement remis au Secrétaire-Général.

Les ouvrages présentés par des personnes étrangères à la Société peuvent être renvoyés à l'examen d'une commission.

4° Des dons et legs qu'elle serait autorisée à recueillir ;

5° Des subventions qui peuvent lui être accordées par l'État, le département ou la ville.

XIX. — La Société tient une ou plusieurs séances publiques, chaque année, à des époques arrêtées en assemblée générale.

L'une de ces séances est spécialement réservée à la distribution des prix proposés par le programme.

XX. — Aucun discours ne peut être prononcé ni publié, aucune démarche ne peut être faite au nom de la Société, sans son assentiment préalable.

XXI. — Les membres cessent de faire partie de la Société en donnant leur démission. Lorsqu'un membre titulaire n'a pas assisté aux séances pendant six mois, et n'a pas donné des motifs légitimes de son abstention, il est considéré comme démissionnaire.

XXII. — Un règlement particulier soumis à l'approbation de M. le Ministre de l'Instruction publique et des Cultes, détermine

Publications. 23. — La Société décide en séance les publications sur la proposition d'une commission de sept membres, qu'elle nomme chaque année. Ces propositions doivent avoir été portées à l'ordre du jour de la séance où elles ont lieu.

En exécution de l'article IV des statuts, M. l'Inspecteur d'Académie en résidence à Lille est convoqué aux réunions de cette commission.

Commissions. 24. — Il y a deux ordres de commissions dans le sein de la Société ; des commissions *permanentes* et des commissions *temporaires*.

Les membres des commissions *permanentes* sont renouvelés chaque année. Les membres sortants sont rééligibles.

Dispositions générales. 25 — Les rapports présentés à la Société sur les travaux de personnes qui lui sont étrangères ne sont communiqués à celles-ci qu'autant qu'il en a été délibéré en séance et que l'auteur ou les auteurs de ces rapports ne s'opposent pas à cette communication.

Les intéressés peuvent être autorisés à faire prendre, à leurs frais, copie des rapports.

les règles d'ordre intérieur et toutes les dispositions propres à assurer l'exécution des statuts.

XXIII. — Aucune modification ne pourra être apportée aux présents statuts sans l'autorisation du Conseil d'État.

Le Secrétaire-Général,
Signé : BOS.

Le Président,
Signé . J GIRARDIN.

Les présents statuts ont été délibérés et adoptés par le Conseil d'État, dans sa séance du 3 décembre 1862.

Le Conseiller-d'État, Secrétaire-Général du Conseil d'État,

Signé . C. BOILAY.

Pour copie conforme :

Le Conseiller-d'État, Secrétaire-Général du Ministère de l'Instruction publique.

Signé : G. ROULAND

26. — Au décès d'un membre résidant, la Société est convoquée pour assister en corps à ses funérailles.

27. — Les commis ou agents sont choisis par le Bureau et nommés par la Société.

28. — Aucune modification au présent règlement ne pourra être introduite sans l'agrément de M. le Ministre de l'Instruction publique et des Cultes.

Lille, le 16 janvier 1863.

Le Secrétaire-Général,
Signé : GUIRAUDET.

Le Président,
Signé : CHON.

Vu et approuvé :

Paris, le 5 mars 1863.

Le Ministre de l'Instruction publique et des Cultes,
Signé : ROULAND.

Pour copie conforme :
Le Conseiller-d'Etat, Secrétaire-Général,
Signé: G. ROULAND.

Pour copie conforme :
Le Conseiller de Préfecture, f. f.ons de Secrétaire-Général,
DES ROTOURS

LISTE DES MEMBRES

DE LA

SOCIÉTÉ IMPÉRIALE DES SCIENCES

DE L'AGRICULTURE ET DES ARTS DE LILLE,

Pour l'année 1863.

BUREAU.

Président,	MM. Chon.
Vice-Président	H. Violette, (O. ✻).
Secrétaire-Général,	Guiraudet.
Secrétaire des correspondances,	Houzé de l'Aulnoit. (Aimé).
Trésorier,	Bachy.
Bibliothécaire-Archiviste,	Chrestien.

MEMBRES HONORAIRES.

MM. Le Maréchal commandant le 3e corps d'armée, rue Négrier.

Le Lieutenant-Général commandant la 3e division, rue Royale.

Le Préfet du département du Nord, à la Préfecture.

Le Maire de la ville de Lille, à l'Hôtel-de-Ville.

MEMBRES DE DROIT.

MM. Le Recteur de l'Académie de Douai.

L'Inspecteur d'Académie en résidence à Lille, 1 bis, rue Ste.-Catherine.

MEMBRES TITULAIRES.

Date de admission. MM.

1806. Delzenne (Charles), ✠, professeur de physique, correspondant de l'Institut, Académie des Sciences, 12, rue des Brigittines.

1823. Verly (Charles), architecte, numismate, 31, rue de la Barre.

Moulas (Henri), homme de lettres, 25, rue de l'Hôpital-Militaire.

1824. Kuhlmann (Frédéric), O. ✠, correspondant de l'Institut, Académie des Sciences, fabricant de produits chimiques, 2, rue des Canonniers.

1825. Bailly (Augustin), ✠, docteur en médecine, 12, rue de Voltaire.

1828. Danel (Louis), ✠, propriétaire, 20, rue Basse.

1836. Benvignat (Charles), architecte et peintre, 7, rue des Quinze-Pots.

1840. Testelin (Achille), docteur en médecine, 16, rue de Thionville.

1841. Cazeneuve (Valentin), ✠, docteur en médecine, directeur de l'École de médecine, 26, rue des Ponts-de-Comines.

1842. Chon (François), professeur d'histoire à la Faculté des Sciences, 5, rue du Palais-de-Justice.

1845. Bachy (Charles), agronome, Faubourg St-Maurice, rue de Roubaix.

Delerue (Victor), juge-de-paix, homme de lettres, 21, rue du Nouveau-Siècle.

1847. Chrestien (Jules), docteur en médecine, professeur suppléant à l'École de médecine, 57, rue de Jemmapes.

Lamy (Auguste), ✠, professeur de physique à la Faculté des Sciences, à Loos.

1848. Lavainne (Ferdinand), compositeur de musique, 13, rue des Fossés.

Corenwinder (Benjamin), chimiste, agronome, à Quesnoy-sur-Deûle.

Parise (Jean), docteur en médecine, professeur de clinique externe à l'École de médecine, 26, Place-aux-Bleuets.

1849. Deligne (Jules), homme de lettres, rue du Gros-Gérard.

Date de l'admission. MM.

1852. Blanquart-Evrard (Louis), ✵, propriétaire, imprimeur photographe, 28, rue de Thionville.

Colas (Alphonse), peintre d'histoire.

Violette (Henri), (O. ✵), commissaire des poudres et salpêtres, 5, cour des Bourloires.

Garreau (Lazare), ✵, docteur en médecine, professeur de pharmacie à l'École de médecine, 13, rue de Douai.

Meurein (Victor), maître en pharmacie, 30, rue de Gand.

1854. Cox (Edmond), ✵, manufacturier, faubourg St-Maurice, 37, rue de Roubaix.

Cannissié (Georges), homme de lettres, 1, rue des Trois-Mollettes.

Fiévet (Auguste), constructeur de machines.

1856. Paeile (Charles), bibliothécaire et archiviste de la ville, 26, rue d'Antin.

1858. Viollette (Charles), professeur de chimie à la Faculté des Sciences, 7, rue du Grand-Magasin.

Guiraudet (Paul), professeur de mécanique à la Faculté des Sciences, 19, rue Princesse.

Mathias (Ferdinand), ✵, ingénieur de la traction du Chemin de fer du Nord, Place-aux-Bleuets.

Girardin (Jean), (O. ✵,) correspondant de l'Institut, Académie des Sciences, doyen de la Faculté des Sciences, à la Faculté, rue des Fleurs.

1859. Coussemaker (Charles de), ✵, correspondant de l'Institut, Académie des Inscriptions et Belles-Lettres, archéologue, 43, rue de Tournai.

Melun (comte Anatole de), propriétaire, homme de lettres, 95, rue Royale.

1860. Eschenauer (Auguste), pasteur de l'Église réformée, homme de lettres, 23, rue des Jardins.

Houzé de l'Aulnoit (Alfred), docteur en médecine, professeur d'anatomie à l'École de médecine, 4, rue des Trois-Mollettes.

Van Hende (Edouard), chef d'institution, numismate, rue de l'Hôpital-Militaire.

Date de l'admission. MM.

1861. Hinstin (Gustave), professeur de rhétorique au Lycée, homme de lettres, 27, rue des Ponts-de-Comines.

Meunier (baron), ✵, notaire, économiste, 39, rue de l'Hôpital-Militaire.

Rouzières (Jean), homme de lettres, place St.-Martin.

Deplanck (Alexandre), homme de lettres, cour Gilson.

David (Claude), ✵, professeur de mathématiques à la Faculté des Sciences, 17, rue du Cirque.

Houzé de L'Aulnoit (Aimé), avocat, économiste, rue Royale, 61.

1862. De Norguet (Anatole), entomologiste, 61, rue de Jemmapes.

Lethierry (Lucien), entomologiste, rue à Fiens.

Richaud (Louis), proviseur au Lycée impérial, au Lycée, rue des Arts.

1863. Lemaitre (Jules), ✵, ingénieur des Ponts-et-Chaussées, directeur de la voirie, 4 rue des Fossés-Neufs.

Vandenbergh (Emile), architecte, rue des Fossés.

MEMBRES CORRESPONDANTS.

MM.

1810. Tordeux, pharmacien chimiste à Cambrai.

1819. Charpentier, docteur-médecin, à Valenciennes.

1820. Leroy (Onésime), homme de lettres, à Paris.

1821 Villermé, docteur-médecin, membre de l'Institut, Académie des sciences morales et politiques.

1826. Bra (Théophile), ✵, statuaire, à Douai.

Derode (Victor), R. 1826, négociant, homme de lettres, à Dunkerque.

Dubrunfaut, chimiste, manufacturier, à Paris, Chemin des Meuniers.

1827. Lemaire (Pierre-Auguste), ancien professeur de rhétorique à Triancourt (Meuse).

1828. Lecocq (H.), ✵, professeur d'histoire naturelle, à la Faculté des Sciences de Clermont.

Guérin Menneville, naturaliste à Paris.

Date de l'admission. MM.

1829. Pelouze (Théophile-Jules), (O. ✲), R. 1829, membre de l'Institut, Académie des Sciences, président de la Commission des Monnaies, hôtel des Monnaies.

Corne, ancien magistrat, homme de lettres, à Douai

Vincent, membre de l'Institut, Académie des Inscriptions et Belles-Lettres, à Paris, 60, rue Notre-Dame-des-Champs.

Guerrier de Dumast (Auguste-Prosper), homme de lettres à Nancy.

1830. Demeunynck, docteur-médecin, à Bourbourg.

Martin St-Ange, docteur-médecin, à Paris, rue St-Guillaume.

Moreau de Jonnès (Alexandre) (O. ✲), membre de l'Institut, Académie des sciences morales et politiques, à Paris, 16, rue Oudinot.

1831. Milne Edwards, (C. ✲), membre de l'Institut, Académie des Sciences, professeur au Muséum d'histoire naturelle, à Paris, au Jardin des plantes.

1832. Fée (Antoine L. A.), (O. ✲), R. 1830, professeur à la Faculté de médecine de Strasbourg.

Grar, avocat, homme de lettres, à Valenciennes.

1833. Judas (Auguste), docteur-médecin, médecin militaire en retraite à Paris, 9, rue de la Barouillère.

Mallet (Charles-Aug.), ancien recteur d'Académie, à Paris, 15, rue de Bréa.

1834. Bidart, docteur-médecin, à Arras.

Babinet (Jacques), ✲, membre de l'Institut, Académie des sciences, à Paris.

Guérard (Alphonse), docteur-médecin, membre du Conseil de salubrité, à Paris.

1837. Thiers (A.), membre de l'Institut, Académie française, historien, à Paris, place St-Georges.

1838. Dufour (Léon), ✲, correspondant de l'Institut, naturaliste, à St-Sever (Landes).

Mallet (Alfred), manufacturier, à Paris, 12, boulevard du Combat.

Date de l'admission. MM.

1838. Payen (Anselme), (O. ✵), membre de l'Institut, Académie des Sciences, professeur de chimie au Conservatoire des Arts et Métiers, à Paris, 292, rue St-Martin.

1839. Legoarant, officier du Génie, en retraite, à Lorient, 54, rue du Finistère.

Larrey (baron Hippolyte), (C. ✵), docteur-médecin, inspecteur du service de santé des armées, membre de l'Académie de médecine, à Paris, 91, rue de Lille.

Baudrimont (Alexandre), professeur à la Faculté des Sciences de Bordeaux.

1840. Garnier, bibliothécaire de la ville d'Amiens.

1841. Vingtrinier (Arthur), docteur-médecin, médecin en chef des prisons, à Rouen.

1842. Davaine, ✵, R. 1832, ingénieur en chef des Ponts-et-Chaussées, à Arras.

1844. Malherbe (Alfred), entomologiste, conseiller à la Cour Impériale de Metz.

1845. Caumont (de),

1846. Mulsant (E.), entomologiste à Lyon.

Bouchard Chantereau (Jacques), naturaliste à Boulogne

1848. Cambay (Charles), ✵, docteur-médecin, médecin militaire.

1849. Jamet (Émile), agronome à Rennes.

Landouzy, ✵, docteur-médecin, directeur de l'École de médecine, de Reims.

Durand-Fardel (Max.), docteur-médecin, inspecteur des eaux minérales de Vichy.

Jeanron, peintre d'histoire, à Paris.

Guerin (Jules), ✵, docteur-médecin, membre de l'Académie de médecine, directeur de la *Gazette médicale* de Paris.

1850. Zandyck, docteur-médecin, à Dunkerque.

Millon (Eugène), ✵, pharmacien-principal, à Alger.

1851. Perris, entomologiste, à Mont-de-Marsan.

Mauny de Mornay, ✵, chef de division au ministère de l'Agriculture et du Commerce, à Paris.

Date de l'admission. MM

1851. Linas (de), homme de lettres, archéologue, à Arras.

1852. Amyot (C.-J.-B.), avocat, entomologiste, à Paris, 3, rue des Prouvaires.

Catalan (Eugène), professeur de mathématiques, à Paris, 8, rue St-Paul.

Luynes (Albert, duc de), membre de l'Institut, Académie des Inscriptions et Belles-Lettres, à Paris, 31, rue St-Dominique.

Meugy (Jules), ✵, R. 1845, ingénieur en chef des mines à Alais (dép. du Gard).

Yvon Villarceau, astronome, à Paris, 14, rue Cassette.

1853. Héricourt (Achmet d'), homme de lettres, à Arras.

Baeker (Louis de), homme de lettres, archéologue, au château de Closterweld à Nordpeene.

Serret (Joseph), membre de l'Institut, Académie des Sciences, professeur de mécanique céleste, au Collége de France.

Davaine (C.) docteur-médecin, à Paris, 2, rue de la Chaussée-d'Antin.

Dureau (Louis) (O. ✵), R. 1852, chef du personnel, au Ministère de l'Intérieur.

Danvin (Bruno), docteur-médecin, à St-Pol.

1854. Charet de la Frémoire, ✵, R. 1852, ingénieur des Ponts-et-Chaussées, à Cambrai.

Bertrand (Raymond de), homme de lettres, à Dunkerque.

Bergmann, professeur à la Faculté des Lettres de Strasbourg.

Mignard, homme de lettres, à Dijon.

1855. Faidherbe (Louis-Léon), (C. ✵), colonel du Génie, à Sidi-bel-Abbès (Algérie).

Deschamps de Pas (Louis), ingénieur des Ponts-et-Chaussées, archéologue, à St-Omer.

Mille (Auguste), ✵, ingénieur des Ponts-et-Chaussées, à Paris.

Lejolis, botaniste, à Cherbourg.

Godefroy de Menilglaise (Denys), homme de lettres, archéologue, à Paris.

Lecomte, ancien receveur des Finances, à Paris, 5, rue de Lille.

Date de l'admission MM.

1856. DANCOISNE, Notaire, à Hénin-Liétard.

CHARIÉ MARSAINES, (O. ✻), R. 1852, inspecteur des Ponts-et-Chaussées, à Paris, 42, rue de Grenelle-St-Germain.

BOLLAERT (Édouard), ✻, R. 1844, ingénieur des Ponts-et-Chaussées, directeur des houillères de Lens.

FRANCK (Adolphe), membre de l'Institut, Académie des sciences morales et politiques, à Paris.

CHASLES (Émile), ✻, R. 1855, professeur à la Faculté des lettres de Nancy.

GISCLARD (L.), R. 1856, inspecteur de l'Académie, à Douai.

1857. VALADE-GABEL, homme de lettres, à Bordeaux.

REYNAUD (Ernest), professeur de mathématiques, au Lycée de Nancy.

SCOUTETTEN (Louis), médecin militaire.

MASQUELEZ (Alfred), ✻, bibliothécaire de l'École impériale militaire de St-Cyr.

PASTEUR (Louis), ✻, R. 1855, membre de l'Institut, Académie des Sciences, directeur de l'École normale, à Paris.

LESTIBOUDOIS (Thémistocle), (O. ✻), R. 1821, docteur-médecin, botaniste, correspondant de l'Institut, Académie des Sciences, conseiller d'État.

BRAME (Charles), professeur de chimie, à l'École de médecine de Tours.

1858. GUILLEMIN (Jean), (O. ✻), recteur de l'Académie de Douai.

RONDOT (Natalis), délégué de la Chambre de Commerce de Lyon, à Paris.

1859. SAINT-LOUP, professeur de mathématiques au Lycée de Strasbourg.

FROSSARD (Benoist), homme de lettres, à Bagnères de Bigorre.

FROSSARD (Charles), R. 1855, homme de lettres, pasteur de l'Église réformée, à Paris.

ROSNY (Léon DE), homme de lettres, à Paris, 15, rue Lacépède.

1860. GOUBAUX, professeur d'anatomie à l'École vétérinaire de Toulouse.

Date de l'admission. MM.

1860 Colincamp (Ferd.), professeur à la Faculté des Lettres de Douai.

Parchappe, ✻, inspecteur-général des Asiles d'aliénés.

Ballin (Armand-Gabriel), archiviste de l'Académie impériale de Rouen, 50 bis, rue Impériale.

Rodet (Léon), R. 1859, inspecteur à la Manufacture des Tabacs, à Lille.

Lacaze-Duthiers (F.-J.-H.), R. 1855, docteur-médecin, professeur d'histoire naturelle à la Faculté des Sciences de Lille, (en mission).

Gratacap dit Cap (Paul). ✻, pharmacien, membre de l'Académie de médecine, à Paris, 9, rue d'Aumale.

1861. Roche, professeur à la Faculté des Sciences de Montpellier

Bossey, R. 1859, ingénieur des mines, à Rennes.

Rohart (François), chimiste, manufacturier, à Paris.

Heegmann (Alphonse), R. 1825, mathématicien, à Paris, 54, rue de la Pépinière.

Lefebvre (Julien), (O. ✻), R. 1840, agronome, à Paris, 100, rue du Faubourg-St-Honoré.

Morière, professeur d'histoire naturelle, à la Faculté des Sciences de Caen.

Portelette (Constant), R. 1857, homme de lettres, à Paris.

1862. Mottez (Victor), ✻, peintre, à Paris.

Jouvin (Jean-Pierre), ✻, pharmacien en chef de la Marine, à Rochefort.

Deletombe (Jean-Baptiste), instituteur, homme de lettres, à Orchies (Nord).

Dareste de la Chavanne (Antoine), professeur à la Faculté des Lettres de Lyon.

Painvin (Louis), professeur de mathématiques spéciales au Lycée de Douai.

Bos (Henri), R. 1860, professeur de mathématiques au Lycée Louis-le-Grand, à Paris, 9, Avenue Victoria.

Lachez (Théodore), architecte, à Paris, 22, rue Lafayette.

Breton (Jules), ✻, peintre, à Courrières (Pas-de-Calais).

Date de l'admission. MM.

1863. Duruis (Albert), R. 1848, avocat, homme de lettres, à Loos.

Masure (Félix), agronome, professeur de physique au Lycée d'Orléans.

Bonvarlet (Alexandre), homme de lettres, négociant à Dunkerque.

Jardin (Antoine), docteur-médecin, à Villaguières (dép. du Gard.)

Nadaud (Gustave), ✻, homme de lettres, à Paris, 40, rue de Verneuil.

Besnou (Léon), ✻, botaniste, pharmacien-major de la marine, à Cherbourg.

Dareste de la Chavanne (Gabriel), R. 1860, professeur à la Faculté des Sciences de Lyon.

MEMBRES CORRESPONDANTS ÉTRANGERS.

MM.

1828. Duchastel (comte Ferdinand), agronome, en Belgique.

Timmermans (J.-Alexis), membre de l'Académie royale de Belgique, à Gand.

Rodenbach (Alexandre), homme de lettres, à Bruxelles

1829. Liebig (Justin), membre de l'Académie royale de Bavière, à Munich.

1834. Vandermaelen (Phil.), naturaliste, membre de l'Académie royale de Belgique, à Bruxelles.

1836. De la Rive (Aug.), professeur de physique, à Genève.

1837. Quelelet (Adolphe), secrétaire perpétuel de l'Académie royale de Belgique, à Bruxelles.

Berkeley, naturaliste, à Clinsliffe (Angleterre).

1839. Vesmael (Constantin), membre de l'Académie royale de Belgique, à Bruxelles, à St-Josse-ten-Noode, 62, rue de la Rivière.

Lacordaire (Théodore), entomologiste, membre de l'Académie royale de Belgique, à Liége

Date de l'admission. MM.

1843. Legrand de Reulandt (Simon), homme de lettres, à Anvers, 81. Chaussée-Bershem.

1844. De le Bidart de Thumaede (chevalier), ancien magistrat, à Liége, 13, rue des Augustins.

1846. Varttmann (Élie), professeur de physique, à Genève.

Guastalla (Auguste), docteur-médecin, à Trieste,

1847. De Busscher (Edmond), homme de lettres, membre de l'Académie royale de Belgique, à Gand.

1850. Reumes (Auguste de), major, à l'état-major des places, à Bruxelles.

1851. Lambert, ingénieur des mines, à Mons.

1853. Burgos (de), agronome, à Madrid.

1855. Vallez (Pierre), docteur-médecin, à Bruxelles.

Bellardi (Louis), naturaliste, à Turin.

1856. Nève (Félix), professeur de langues orientales à l'Université de Louvain.

Liagre (Jules), major du Génie belge, membre de l'Académie royale de Belgique, à Bruxelles.

1860. Warlomont (Evariste), docteur-médecin, rédacteur en chef des *Annales d'oculistique*, Bruxelles, 49, rue des Épingles.

Otreppe de Bouvette, ancien magistrat, homme de lettres, à Liége.

1862. Diegerick, bibliothécaire-archiviste de la ville d'Ypres.

Lille-Imp. L. Danel.

www.ingramcontent.com/pod-product-compliance
Lightning Source LLC
LaVergne TN
LVHW010011230826
846092LV00002B/754